Livro de SORTES
do Cupido Amoroso

Fábio Sombra

Livro de SORTES
do Cupido Amoroso

BERTRAND BRASIL

Rio de Janeiro | 2012

Copyright © Fábio Sombra, 2012

Capa e projeto gráfico de miolo: Silvana Mattievich

Editoração: FA Studio

Texto revisado segundo o novo
Acordo Ortográfico da Língua Portuguesa

2012
Impresso no Brasil
Printed in Brazil

CIP-BRASIL. CATALOGAÇÃO NA FONTE
SINDICATO NACIONAL DOS EDITORES DE LIVROS, RJ

S676l   Sombra, Fábio, 1965-
             Livro de sortes do cupido amoroso / Fábio Sombra. –
        Rio de Janeiro: Bertrand Brasil, 2012.
        80p. : il. ; 21 cm

        ISBN 978-85-286-1594-4
        1. Poesia brasileira. I. Título.

12-3365   CDD: 869.91
                           CDU: 821.134.3(81)-1

Todos os direitos reservados pela:
EDITORA BERTRAND BRASIL LTDA.
Rua Argentina, 171 – 2º andar – São Cristóvão
20921-380 – Rio de Janeiro – RJ
Tel.: (0xx21) 2585-2070 – Fax: (0xx21) 2585-2087

Não é permitida a reprodução total ou parcial desta obra, por
quaisquer meios, sem a prévia autorização por escrito da Editora.

Atendimento e venda direta ao leitor:
mdireto@record.com.br ou (0xx21) 2585-2002

Dedico este livro aos meus pais, à Sabina, ao José Jardim, à Denize e Ângela da Casa de Livros, à Márcia Lígia Guidin, à minha editora Rosemary Alves e a todos os que acreditaram neste projeto de resgate de uma tradição tão antiga, que nos remete ao tempo das nossas bisavós. Uma época que não presenciei, mas da qual teria gostado enormemente...

SUMÁRIO

Livros de Sortes: uma tradição que resiste ao tempo — 9

Como fazer as consultas — 13

Capítulo 1: **AS DAMAS PERGUNTAM** — 17

1. Alguém me ama em segredo? — 18
2. Quando e onde encontrarei meu grande amor? — 20
3. Qual será a aparência do meu grande amor? — 22
4. Como será a minha sogra? — 24
5. Nosso amor é duradouro ou passageiro? — 26
6. Ele me ama de verdade? — 28
7. Devo desconfiar dele? — 30
8. Meu amado irá mudar com o tempo? — 32
9. Vale a pena esperar por ele ou devo desistir? — 34
10. Meu amado guarda algum segredo? — 36
11. Onde passaremos nossa lua de mel? — 38
12. Teremos filhos? — 40
13. Como será a nossa casa? — 42
14. Meu amado será rico? — 44

Capítulo 2: Os cavalheiros perguntam — 47

1. Alguém me ama em segredo? — 48
2. Quando e onde encontrarei meu grande amor? — 50
3. Qual será a aparência do meu grande amor? — 52
4. Como será a minha sogra? — 54
5. Nosso amor é duradouro ou passageiro? — 56
6. Ela me ama de verdade? — 58
7. Devo desconfiar dela? — 60
8. Minha amada irá mudar com o tempo? — 62
9. Vale a pena esperar por ela ou devo desistir? — 64
10. Minha amada guarda algum segredo? — 66
11. Onde passaremos nossa lua de mel? — 68
12. Teremos filhos? — 70
13. Como será a nossa casa? — 72
14. Minha amada será rica? — 74

O oráculo dos santos juninos — 77
Meu pedido será atendido? — 79

LIVROS DE SORTES
Uma tradição que resiste ao tempo

Em 2008, em minhas pesquisas de folclore e cultura popular, deparei com uma referência aos chamados *Livros de Sortes* para as noites de São João e Santo Antônio. Ao me aprofundar no assunto, descobri que, de meados do século 19 até os primeiros anos do século passado, esses livrinhos – muito queridos pelo povo – faziam um grande sucesso nas reuniões de família, em especial no período das festas juninas. Eles traziam perguntas variadas sobre temas de amor e relacionamento. As respostas eram sempre em forma de quadrinhas rimadas, às vezes satíricas, às vezes ácidas, mas sempre muito bem-humoradas.

As perguntas eram do tipo: Alguém me ama em segredo? Qual será a aparência do meu amado? Minha sogra será uma megera? Logo abaixo da pergunta havia uma série de versinhos, devidamente numerados, contendo as respostas. O leitor, então, deveria rolar um par de dados ou retirar uma carta numerada de um baralho. Depois, bastava conferir o número obtido com a tabela de versinhos, e lá estava a resposta para os anseios e as dúvidas de seu coração apaixonado.

O escritor Machado de Assis – sempre atento aos costumes de sua época – descreveu uma dessas consultas em seu conto "O diplomático":

[...] *Rangel era o leitor do livro de sortes. Voltou a página, e recitou um título: "Se alguém lhe ama em segredo." Movimento geral; moças e rapazes sorriram uns para os outros. Estamos na noite de S. João de 1854, e a casa é na Rua das Mangueiras. Chama-se João o dono da casa, João Viegas, e tem uma filha, Joaninha. Usa-se todos os anos a mesma reunião de parentes e amigos, arde uma fogueira no quintal, assam-se as batatas do costume, e tiram-se sortes.*

E mais adiante:

[...] *Pegou e lançou os dados com um ar de complacência incrédula. Número dez, bradaram duas vozes. Rangel desceu os olhos ao baixo da página, viu a quadra correspondente ao número, e leu-a: dizia que sim, que havia uma pessoa, que ela devia procurar domingo, na igreja, quando fosse à missa. Toda a mesa deu parabéns a D. Felismina, que sorriu com desdém, mas interiormente esperançada.**

Embora os Livros de Sortes pudessem ser utilizados ao longo do ano inteiro, as ocasiões mais propícias para consultá-los eram – no mês de junho – as noites ou as vésperas dos dias 13 (Santo Antônio), 24 (São João) e 29 (São Pedro). Nessas ocasiões, de preferência à meia-noite, costumavam-se fazer "consultas" aos santos para assuntos do coração, de negócios e de saúde.

---

* MACHADO DE ASSIS. *Obra completa*. Volume II. Editora José Aguilar Ltda. 1ª edição, 1962.

Mello Moraes Filho, em seu livro, *Festas e tradições do Brasil*, descreve a comemoração das festas juninas no Segundo Império e reproduz uma divertida quadrinha de um Livro de Sortes da época:

As moças da corte, na elegante varanda, suspendiam acima da fronte pistolas de lágrimas, chuveiros de chuva de ouro, que iluminavam, com os seus projéteis e faíscas, os tetos longínquos das senzalas vazias. Outras, grupadas à mesa de jantar, deitavam dados, liam as quadrinhas da sorte, prorrompiam em gargalhadas, às predições do destino:

Um velho torto e pançudo,
De nariz de palmo e meio,
Há de ser o teu consorte
Mui breve, segundo creio.

O contato com esses textos me trouxe a ideia de reviver essa antiga tradição, e imediatamente comecei a trabalhar no projeto do *Livro de Sortes do Cupido Amoroso*. Pesquisando em obras do gênero e conversando com amigos e colaboradores, selecionei algumas das perguntas mais comuns sobre assuntos de amor e paixão. Em seguida, compus as quadrinhas, mantendo a métrica e o estilo característico das trovas populares, e, ao testá-las em reuniões de amigos e familiares, qual não foi minha surpresa ao perceber que uma brincadeira tão apreciada por nossas bisavós continua despertando o interesse de jovens e adultos do nosso tempo. Espero que vocês também se divirtam.

E, agora, chega de falatório e vamos às sortes!

Fábio Sombra

Como fazer as consultas

Neste livro encontraremos quatorze perguntas sobre amor e relacionamento. São elas:

1. Alguém me ama em segredo?
2. Quando e onde encontrarei meu grande amor?
3. Qual será a aparência do meu grande amor?
4. Como será a minha sogra?
5. Nosso amor é duradouro ou passageiro?
6. Ele/ela me ama de verdade?
7. Devo desconfiar dele/dela?
8. Meu amado/minha amada irá mudar com o tempo?
9. Vale a pena esperar por ele/ela ou devo desistir?
10. Meu amado/minha amada guarda algum segredo?
11. Onde passaremos nossa lua de mel?
12. Teremos filhos?
13. Como será a nossa casa?
14. Meu amado/minha amada será rico/rica?

Se você é do sexo feminino, as respostas às suas perguntas estão no primeiro capítulo: "As damas perguntam". Se é do sexo masculino, deve se dirigir ao capítulo 2: "Os cavalheiros perguntam". A partir deste momento você poderá escolher entre dois sistemas para fazer a consulta:

Método 1: Para fazer a consulta folheando as páginas do *Livro de sortes do cupido amoroso*

Este método pode ser usado quando você não tem um baralho à mão. Foi um sistema que criamos para você poder usar o livro e fazer suas consultas em qualquer ocasião e em qualquer lugar, sem nenhum equipamento ou material adicional. Funciona assim:

1. Folheie o livro no capítulo desejado (cavalheiros ou damas) até encontrar a pergunta que deseja fazer.

2. Você notará que, em cada página de perguntas, há corações numerados do lado de fora das molduras de texto. Após formular a pergunta, folheie o livro mantendo o polegar próximo de qualquer um dos corações.

3. Após deixar correr algumas páginas, pare em uma delas e confira o número dentro do coração mais próximo ao seu dedo.

4. Este número, que pode ser de 1 a 10, será o número da quadrinha de resposta.

Por exemplo, você é homem e deseja saber se vale a pena esperar por ela ou desistir. Vá à página que traz esta pergunta. Coloque o seu indicador na direção de um dos corações numerados na página e folheie o livro (para frente ou para trás, não importa). Pare quando quiser e verifique o número do coração mais próximo de seu dedo. Digamos que seja um 4. A resposta desejada estará nos versos da quadrinha de número 4:

> *Outro dia um passarinho*
> *Fofoqueiro me contou*
> *Que ela ainda pensa em ti,*
> *Que a paixão não se acabou.*

Método 2: Para fazer a consulta usando um baralho comum (não incluído no livro)

Este método funciona melhor quando você está entre amigos e tem a vantagem de fazer com que o livro não seja manuseado por tantas pessoas. Para isso, além de um exemplar, você precisará de um baralho comum. O método funciona assim:

1. Pegue um baralho comum e retire todas as figuras (reis, damas, valetes e curingas) até ele ficar com 40 cartas, numeradas de Ás (que representará o número 1) até 10.

2. Folheie o livro e escolha uma pergunta que deseja fazer.

3. A seguir, embaralhe as 40 cartas e retire uma delas. Confira seu valor com os números ao lado de cada uma das quadrinhas referentes à sua pergunta. Eis a resposta que você procura.

Por exemplo, você é mulher e deseja saber quando e onde encontrará seu grande amor. Vá à página que traz esta pergunta e retire uma carta do baralho. Suponhamos que seja um 6 (não importa o naipe). A resposta estará nos versos da quadrinha de número 6:

A rosa se faz mais linda
Ao cobrir-se com o orvalho.
Teu destino é ser esposa
De um colega de trabalho.

Capítulo 1

AS DAMAS PERGUNTAM

1. Alguém me ama em segredo?

1	Um rapaz de olhos claros / Pensa em ti o tempo inteiro. / Ele jura que esse amor / É sincero e verdadeiro.
2	Eu conheço um senhorzinho / Muito meigo e bem pacato / Que por ti morre de amores: / É viúvo e é mulato.
3	Quem te ama é um moreninho / Mui gentil e educado. / Só que esconde o sentimento / Por ser ele bem-casado.
4	O senhor que te admira, / Mas nunca se declarou, / Tem setenta e poucos anos / E há pouco enviuvou.
5	Você anda suspirando / Por alguém do seu passado, / Mas quem quer sair contigo / É o irmão do seu amado.

1. ALGUÉM ME AMA EM SEGREDO?

6	Minha amiga, seja forte, Não se sinta rejeitada, Mas por ti ninguém suspira: Tá difícil essa parada…
7	Meu aviso é perigoso, Não é coisa que se diga: Mas quem anda de olho em ti É o marido de uma amiga.
8	Em segredo alguém te ama, Mas, por falta de coragem, Nem confessa com sua voz, Nem por carta, nem mensagem.
9	Ele mora bem distante, Vive em outra região, Mas por ti guarda, em segredo, O fogo de uma paixão.
10	Um amor do seu passado Vive junto a um outro alguém, Mas de ti ele se lembra E ainda chama de "meu bem".

2. QUANDO E ONDE ENCONTRAREI MEU GRANDE AMOR?

1	Em menos de um ano e meio, / Vai cumprir-se a profecia: / Tu irás topar com ele / No balcão da drogaria.
2	Em três meses, numa festa / Bem tranquila e inocente, / Conhecerás teu amado, / Que é cunhado de um parente.
3	Quando fores mais madura, / Com quarenta e cinco, ou mais, / É que irás, em uma praia, / Encontrar um bom rapaz.
4	Mais cedo do que imaginas, / Num encontro inesperado, / Conhecerás um louro / Jovem, rico e separado.
5	"O amor se esconde ao lado", / Diz assim esse versinho. / No ano que vem terás / Um romance com o vizinho.

2. QUANDO E ONDE ENCONTRAREI MEU GRANDE AMOR?

6	A rosa se faz mais linda Ao cobrir-se com o orvalho. Teu destino é ser esposa De um colega de trabalho.
7	Em menos de um ano e meio Estará você casada Com um ruivo baixotinho E estrangeiro é o camarada.
8	Daqui a dezoito meses (Essa previsão não nega) Vais estar apaixonada Pelo irmão de uma colega.
9	Em três anos, mais ou menos, Vais estar com seu amor. Esse moço, moreninho, É filho de um professor.
10	Você sempre olhou pra ele, Nada viu de especial, Mas um dia irá dizer: "Que rapaz sensacional!"

3. QUAL SERÁ A APARÊNCIA DO MEU GRANDE AMOR?

1	Moreno, cabelo liso, Bronzeado e bem fortão. E depois de bem-casado? Mais roliço que um leitão!
2	Um louro de pele clara, Com olhos da cor do mar, Magrinho que nem caniço, Vara fina de pescar.
3	Seu amor será brilhante, Do mais alto e bom quilate. Mulato dos olhos negros E pele de chocolate.
4	Seu amado será negro, Belo príncipe africano. Riso franco e corpo esguio, Muito esbelto e soberano.
5	Cabeludo quando jovem Só que a fonte um dia seca. Com a idade os pelos caem, E o seu par se vê careca.

3. QUAL SERÁ A APARÊNCIA DO MEU GRANDE AMOR?

6	Seu amado será feio, Pode perder a esperança: Em cima faltando muque, Embaixo sobrando pança.
7	Seu amado será louro De cabelo bem comprido, Com uma tatuagem feita Num lugar bem escondido.
8	O rapaz será moreno De cabelo cacheado, Sem ser muito inteligente, Mas, sem dúvida, esforçado.
9	Sua pele é muito clara E de enorme palidez. Tem os olhos puxadinhos, E o pai dele é japonês.
10	Meu amado como é? Como é que ele será? Será baixo e socadinho De cabelo sarará.

4. Como será a minha sogra?

1

Sua sogra será meiga,
Cheirosa como um jasmim.
Mulher fina e delicada
Feito um anjo querubim.

2

Sua sogra, quando longe,
Será doce feito o mel.
Mas, de perto, de pertinho:
Ai, que cobra cascavel!

3

Sua sogra será pobre,
Mas com pose de grã-fina:
Toma banho em caixa-d'água
E diz que é banho de piscina.

4

Por falar em casamento,
Eva, sim, teve um vidão:
Sortuda, não teve sogra
E viveu sem confusão.

5

Sua sogra será feia,
Ai, que bruxa, que megera:
Tem cabelo no sovaco,
Deus me livre dessa fera!

4. Como será a minha sogra?

6
Sua sogra será calma,
De aparência doce e bela.
Alma séria e educada,
Muito mais que o filho dela.

7
Sua sogra será neutra,
Nem boa, nem encrenqueira.
Daquelas que a gente diz
Que nem fede e que nem cheira.

8
Ao comprar uma passagem
Para a sogra tão querida,
Compre sempre pra bem longe,
Com bilhete só de ida!

9
Sua sogra, felizmente,
Bem distante irá morar.
E, assim, dificilmente,
Vai poder lhe aporrinhar.

10
As cervejas e as sogras
Serão sempre mais amadas
(Tanto umas quanto as outras)
Só depois de bem geladas.

5. Nosso amor é duradouro ou passageiro?

1
Este amor é passageiro,
Dura só por um momento.
Logo, logo se dispersa,
Como pétalas ao vento.

2
Esse amor de vocês dois
É um tronco de aroeira.
Tem o cerne duro e rijo,
Fica em pé a vida inteira!

3
Um amor pode ser grande,
Também pode ser nanico.
Basta o homem não querer
Obrar fora do penico.

4
O amor de vocês dois
Para sempre irá durar.
Se o casal tiver mais tempo
Pra sentar e conversar.

5
Confiança é como o aroma
Do mais fino dos perfumes.
Um amor não sobrevive
Se é cercado de ciúmes.

5. Nosso amor é duradouro ou passageiro?

6
Para o amor ser duradouro,
Ano a ano, mês a mês,
Brinquem sempre, todo dia,
Pelo menos uma vez!

7
A fogueira arde em brasas
Numa noite de São João.
Ardente será também,
Para sempre, essa união.

8
O amor um dia nasce,
Cresce e vive até morrer.
Se essa vida será longa
Só o tempo irá dizer.

9
Nada dura para sempre,
Isso eu li numa revista.
O amor é passageiro,
E o Destino é o motorista.

10
Esse amor não é eterno
E também não é infinito,
Mas enquanto perdurar
Será puro e bem bonito.

6. Ele me ama de verdade?

1
Muito embora ele não diga
Nem demonstre sua afeição,
Foi a ti que esse rapaz
Entregou seu coração.

2
Ele agora te ama menos,
No passado amou bem mais.
Converse com ele e faça
O tempo voltar atrás.

3
As pessoas sempre dizem:
"Que casal bonito, aquele!"
Mas o amor dele é maior
Do que o seu amor por ele.

4
Você pode ter defeitos,
E até jovem não é mais,
Mas ninguém te ama tanto
Quanto ama esse rapaz!

5
Ocê diz que adora ele
E ele diz que adora ocê:
Casalzim mais mentiroso
Ainda está pra aparecê!

6. Ele me ama de verdade?

6	O amor que ele demonstra Por você é verdadeiro, Mas paixão maior ainda É a dele por dinheiro.
7	Vocês vivem grudadinhos, No maior teteretê: Você pensa nele e ele Vive a pensar em você.
8	Ele ama, sim senhor, Ele ama com paixão, Mas a ele você deve Dedicar mais atenção.
9	Ele vive te dizendo: "Meu amor, minha florzinha." O problema é que o malandro Diz o mesmo pra vizinha…
10	O amor de vocês dois, Entra outono e sai verão, Passa inverno e primavera, E não morre essa paixão.

7. Devo desconfiar dele?

1
Se ele nunca lhe sorri,
Nem pega na sua mão,
Pode ser que para outra
Ele dê mais atenção...

2
Se ele sai de casa à noite
Como quem vai pra uma festa,
Fique esperta, minha amiga,
E prepare sua testa...

3
Seu marido é como um santo,
Só falta viver no altar.
Nesse aí, eu lhe garanto,
Você pode confiar!

4
Fique fria e descansada:
Você nunca foi enganada.
Seu amor não quer ver chifre
Na cabeça da sua amada...

5
Quem duvida é precavido,
Quem confia não prospera.
Pois um chifre muitas vezes
Vem de onde não se espera.

7. Devo desconfiar dele?

6	Cuidado com aquela prima, Pois prima não é parente. Já vi prima pondo enfeite Na testa de muita gente.
7	Eu não ponho a mão no fogo, Pois arrisco me queimar, Mas acho que nesse aí Você pode confiar…
8	É verdade, ele te trai, Mas muito discretamente. E o que os olhos não enxergam Coração também não sente.
9	Ela sempre o cumprimenta Com um risinho, bem corada. Minha amiga, abra os olhos: Desconfie da empregada!
10	Se ele age de maneira Meio assim desconfiada, Minha cara, a sua testa Certamente está enfeitada…

8. Meu amado irá mudar com o tempo?

1
Passam dias e semanas,
Entra inverno, sai verão.
Tudo passa, tudo muda,
Mas esse não muda não...

2
Pra pergunta que me fazes
A resposta eu sei de cor:
Homem teima, mas não muda,
Quando muda é para pior!

3
Marido que cria caso
Tanto briga até que cansa.
O tempo transforma tudo
E até burro velho amansa.

4
Ouça aqui meu bom conselho:
Homem novo e espevitado
Com o tempo abaixa a crista,
Fica manso e acomodado.

5
Esse aí não muda nunca,
Vai assim até a morte.
Ou você procura outro
Ou aceita a própria sorte.

8. MEU AMADO IRÁ MUDAR COM O TEMPO?

6	Ele disse que só muda Se você também mudar. Qual dos dois muda primeiro? É questão a combinar.
7	Se em galinha nascer dente, Se de noite o sol brilhar, Eu garanto, minha amiga: Esse homem irá mudar.
8	Pra pergunta que me fazes A resposta eu sei de cor: Ele vai mudar aos poucos, E a mudança é pra melhor!
9	Se eu fosse você estaria Satisfeita com o que tem, Pois desde que o mundo é mundo Que ninguém muda ninguém!
10	Ele disse que não muda Só pra ver você brigar. Não se zangue, e ele então Muda só pra contrariar.

9. VALE A PENA ESPERAR POR ELE OU DEVO DESISTIR?

1	Não importa onde ele esteja, Se em Sergipe ou se em Goiás. O que é bom já teve fim, Já passou, não volta mais.
2	Bem no fundo do seu peito Resta ainda uma esperança. Quem tem fé nunca desiste, Quem espera sempre alcança.
3	Minha amiga, não espere, Não perca seu tempo, não. Ele agora, com certeza, Está vivendo outra paixão.
4	Outro dia um passarinho Fofoqueiro me contou Que ele ainda pensa em ti, Que a paixão não se acabou.
5	Os homens, querida amiga, Vão e vêm que nem biscoito: Quando um deles vai-se embora Vem o vento e traz mais oito.

9. VALE A PENA ESPERAR POR ELE OU DEVO DESISTIR?

6	Mesmo estando ele distante, / Não desista de esperar. / Quem parte leva saudade / E pode um dia retornar.
7	Quem avisa amigo é, / Veja bem, preste atenção: / Foi-se embora e já foi tarde / Quem magoou seu coração!
8	Você tem saudade dele / Em lembranças bem sofridas, / Mas paixões que já morreram / Podem bem ser revividas.
9	Ele um dia te deixou, / Despediu-se e foi covarde. / Não se importe e diga assim: / "Foi-se embora e já foi tarde!"
10	Passam meses, dias, anos. / Tudo passa e o tempo corre, / Mas a esperança, amiga, / Esta é a última que morre!

10. MEU AMADO GUARDA ALGUM SEGREDO?

1
Parabéns, amiga minha,
Você agora escolheu certo:
Este homem nada esconde,
Sua vida é um livro aberto.

2
Ele diz que te quer bem
Com expressão apaixonada.
Só que nunca se esqueceu
De uma antiga namorada.

3
Um segredo ele carrega,
Olhando, não há quem diga:
O chamego que ele sente
Por aquela sua amiga.

4
Cara amiga, fique fria
E também não tenha medo:
O rapaz é bem sincero
E não tem nenhum segredo.

5
Me contaram, ouvi dizer,
Não sei quando e não sei onde,
Que este homem, tão querido,
Um segredo enorme esconde.

10. MEU AMADO GUARDA ALGUM SEGREDO?

6	O rapaz por quem você Anda agora enamorada Nada esconde, nada oculta: Fique bem despreocupada.
7	Um segredo ele carrega No fundo do coração E somente não te conta Por medo da reação.
8	Que desconfiança é esta Que vem lá não sei de onde? Este santo, de alma pura, Nada oculta e nada esconde.
9	O segredo que ele guarda Não é grave por demais. Ele errou (mas se arrepende) Uma vez e nunca mais!
10	Todo mundo tem segredos, Ou você já se esqueceu? Deixe o moço ter os dele, Cada um que guarde o seu.

11. Onde passaremos nossa lua de mel?

1	A viagem dos seus sonhos / É pra França ou Canadá, / Mas sem grana a coisa muda: / Cambuquira, e olhe lá!
2	Num hotel de luxo em Nice, / Com conforto e com nobreza. / No jantar: lagosta e vinhos, / Luz de velas sobre a mesa.
3	Vocês falam em avião / E nas praias do Taiti, / Mas o certo é um caminhão / Com destino ao Piauí.
4	Uma viagem inesquecível / Por cenários de beleza: / Começando em Maceió, / Terminando em Fortaleza.
5	Uma viagem rodoviária / De sua casa ao Paraguai. / E o pior é que sua sogra / Decidiu que também vai!

11. Onde passaremos nossa lua de mel?

6	Num chalé com varandinha Junto ao mar, no litoral, Sob o sol e a brisa fresca, Num sossego sem igual.
7	Na viagem irá cair Tromba-d'água e temporal. Sete dias de mau tempo, Muita enchente e lamaçal.
8	Vocês vão calar a boca Dos ciumentos de plantão, Viajando para a Europa: Isso sim é que é um vidão!
9	Passarão a lua de mel Viajando o tempo inteiro Pelas ilhas do Caribe Num navio de cruzeiro.
10	Nem prazeres, nem deleite, Nessa viagem deprimente: Os dois vão ter enxaquecas, Muita gripe e dor de dente.

12. TEREMOS FILHOS?

1
Três mocinhas e um rapaz,
Quatro filhos no total
(Isso se não descuidarem
Do anticoncepcional).

2
Dois filhos vocês terão
E, se nada der errado,
Um deles será dentista
E o outro, advogado.

3
Um filho, somente um,
E, por isso, bem mimado.
Não o estraguem com carinho
Nem com zelo exagerado.

4
Duas moças, duas rosas,
Nascerão no seu jardim.
Duas flores com perfume
De lavanda e de jasmim.

5
Nascidos no mesmo dia,
Dois gêmeos vocês terão.
Duas vezes mais trabalho,
Carinho e dedicação.

12. TEREMOS FILHOS?

6	Seus amados cinco filhos Quinze netos lhe darão. E bisnetos, vinte e sete. Eis aí a previsão…
7	Nesta bola de cristal Vejo um gesto elogiado: Um garoto, por vocês, Será aceito e adotado.
8	Um menino e uma menina Vocês dois terão um dia. Mas os dois vão aprontar Muita manha e gritaria.
9	O bebê tão esperado Virá um pouco mais pra frente. O casal deve aguardar E ser muito paciente.
10	Cinco filhas, cinco moças, E nem mesmo um só rapaz. Mas a natureza é sábia: Ela bem sabe o que faz…

13. COMO SERÁ A NOSSA CASA?

1
Casinha de barro preto.
Ai, bonita ela não é.
Parede de pau a pique,
Com telhado de sapé.

2
Palacete com jardins
E piscina no quintal.
Um gramado aparadinho,
Pra alegria do casal.

3
Uma casa pequenina,
De cor branca e amarela.
Junto ao morro, bem pertinho,
Do lixão de uma favela.

4
Uma casa de fazenda,
Com dez quartos e varanda,
Três banheiros muito limpos
Com cheirinho de lavanda.

5
Um modesto apartamento,
Dando fundos pra uma praça.
Mas pertence à sua família
E vocês moram de graça.

13. Como será a nossa casa?

6
Uma casa bonitinha
Em um bairro até burguês.
O problema é que a mãe dele
É vizinha de vocês.

7
Um chalé feito de troncos,
Numa beira de represa.
Bem cercado por montanhas
E juntinho à natureza.

8
No quintal da sua sogra
Vocês fazem um puxadinho:
Meia-água com goteiras
E aluguel bem baratinho.

9
Uma casa impressionante,
Com quintal e um muro branco.
Financiada em trinta anos
Por um empréstimo no banco.

10
O amor sincero é forte,
Não há nada que o amedronte.
Vocês casam e, se preciso,
Moram embaixo de uma ponte.

14. Meu amado será rico?

1	Minha amiga, mas que sorte, Vais casar com um magnata! Com casa de praia e muito, Muito ouro e muita prata!
2	Seu marido será pobre Com um salário bem modesto. Não sustentará seus luxos, Mas será um homem honesto.
3	Seu marido será sócio De uma multinacional. Empresário de sucesso, Mas pão-duro sem igual.
4	Me admira essa pergunta E esse assunto de tutu. Por acaso você pensa Em dar golpe do baú?
5	Seu amado será o homem Mais ricaço da cidade. Só que o dinheiro nem sempre Traz a tal felicidade.

14. Meu amado será rico?

6	Seu amado é fazendeiro, / Homem rico, o maioral, / Mas te levará pra roça, / Pra viver junto ao curral.
7	Seu amado será dono / De um negócio bem-montado. / Só que em casa irá chegar / Sempre exausto e mal-humorado.
8	Seu amado será mestre / Em dormir e descansar, / Enquanto você dá duro / Pros seus filhos sustentar.
9	Seu amado será rico, / Rico só de coração. / O pouco com Deus é muito / E só traz satisfação.
10	Seu amado será pobre, / Muito pobre, até que um dia / Vai tirar a sorte grande / E acertar na loteria.

Capítulo 2

Os cavalheiros perguntam

1. ALGUÉM ME AMA EM SEGREDO?

1	Uma loura de olhos claros / Pensa em ti o tempo inteiro. / Ela jura que esse amor / É sincero e verdadeiro.
2	Eu conheço uma senhora / Muito meiga e bem pacata / Que por ti morre de amores: / É viúva e é mulata.
3	Quem te ama é uma morena / Mui gentil e educada. / Só que esconde o sentimento / Por ser ela bem-casada.
4	Quem está de olho em ti, / Mas nunca se declarou, / É uma dama de setenta / Que ainda não se casou.
5	Você anda suspirando / Pelo amor de uma donzela, / Mas quem quer sair contigo / É a feia da irmã dela.

1. ALGUÉM ME AMA EM SEGREDO?

6	Meu amigo, seja forte, Não se sinta rejeitado, Mas por ti ninguém suspira, Nem parece interessado.
7	Veja lá, preste atenção, Pois bem grande é o perigo: Quem te ama (e não revela) É a esposa de um amigo.
8	Em segredo alguém te ama, Mas, por falta de coragem, Nem confessa com sua voz Nem por carta, nem mensagem.
9	Ela mora bem distante, Vive em outra região, Mas por ti guarda, em segredo, O fogo de uma paixão.
10	Um amor do seu passado Vive junto a um outro alguém, Mas de ti ela se lembra E ainda chama de "meu bem".

2. QUANDO E ONDE ENCONTRAREI MEU GRANDE AMOR?

1	Em menos de um ano e meio, Vai cumprir-se a profecia: Tu irás topar com ela Na fila da padaria.
2	Em três meses, numa festa Bem tranquila e inocente, Conhecerás tua amada, Que é cunhada de um parente.
3	Só quando estiveres velho, Bem depois de cinquentão, É que irás, em uma praia, Encontrar tua paixão.
4	Mais cedo do que imaginas, Numa viagem inesperada, Conhecerás uma moça Jovem, rica e separada.
5	"O amor se esconde ao lado", Diz assim essa quadrinha. No ano que vem terás Um romance com a vizinha.

2. QUANDO E ONDE ENCONTRAREI MEU GRANDE AMOR?

6	A rosa se faz mais linda Ao cobrir-se com o orvalho. Teu destino é ser esposo De uma amiga do trabalho.
7	Em menos de um ano e meio Estará você casado E morando com essa moça, Muito longe, em outro estado.
8	Daqui a dezoito meses (Ouça bem o que lhe digo) Vais estar apaixonado Pela irmã de um grande amigo.
9	Em três anos, mais ou menos, Vais estar com seu amor. Essa moça, muito jovem, É filha de um professor.
10	Você sempre olhou pra ela, Nada viu de especial, Mas um dia irá dizer: "Que mulher sensacional!"

3. QUAL SERÁ A APARÊNCIA DO MEU GRANDE AMOR?

1
Morena, cabelo liso,
Cinturinha de pilão.
Depois do terceiro filho,
Mais redonda que um leitão.

2
Lourinha da pele branca,
Olhinhos da cor do mar,
Magrinha que nem caniço,
Vara fina de pescar.

3
Seu amor será brilhante,
Do mais alto e bom quilate.
Mulata dos olhos negros
E pele de chocolate.

4
Sua amada será negra,
Descendente de africana.
Belo porte de princesa,
Muito esbelta e soberana.

5
Sua amada será ruiva,
Cabelo cor de cenoura,
Mas, às vezes, com tintura,
Sua ruiva vira loura.

3. QUAL SERÁ A APARÊNCIA DO MEU GRANDE AMOR?

6	Sua amada será feia, / Ai, feiura tão profunda: / Em cima faltando peito, / Embaixo sobrando bunda.
7	Sua amada será loura / De cabelo bem comprido, / Com uma verruguinha preta / Num lugar bem escondido.
8	A moça será morena / De cabelo cacheado, / Corpinho de violão, / Bumbunzinho arrebitado.
9	Sua pele é muito clara / E de enorme palidez. / Tem os olhos puxadinhos, / E o pai dela é japonês.
10	Minha amada como é? / Como é que ela será? / Será baixa e socadinha / De cabelo sarará.

4. COMO SERÁ A MINHA SOGRA?

1
Sua sogra será meiga,
Cheirosa como um jasmim.
Mulher fina e delicada
Feito um anjo querubim.

2
Sua sogra, quando longe,
Será doce feito o mel.
Mas, de perto, de pertinho:
Ai, que cobra cascavel!

3
Sua sogra será pobre,
Mas com pose de grã-fina:
Toma banho em caixa-d'água
E diz que é banho de piscina.

4
Por falar em casamento,
Feliz mesmo foi Adão:
Sortudo, não teve sogra
E viveu sem confusão.

5
Sua sogra será feia,
Ai, que bruxa, que megera:
Tem cabelo no sovaco,
Deus me livre dessa fera!

4. Como será a minha sogra?

6
Sua sogra será calma,
De aparência doce e bela.
Mulher séria e educada,
Muito mais que a filha dela.

7
Sua sogra será neutra,
Nem boa, nem encrenqueira.
Daquelas que a gente diz
Que nem fede e que nem cheira.

8
Ao comprar uma passagem
Para a sogra tão querida,
Compre sempre pra bem longe,
Com bilhete só de ida!

9
Sua sogra, felizmente,
Bem distante irá morar.
E, assim, dificilmente,
Vai poder lhe aporrinhar.

10
As cervejas e as sogras
Serão sempre mais amadas
(Tanto umas quanto as outras)
Só depois de bem geladas.

5. Nosso amor é duradouro ou passageiro?

1	Este amor é passageiro, / Dura só por um momento. / Logo, logo se dispersa, / Como pétalas ao vento.
2	Esse amor de vocês dois / É um tronco de aroeira. / Tem o cerne duro e rijo, / Fica em pé a vida inteira!
3	Um amor pode ser grande, / Também pode ser nanico. / Basta a mulher não querer / Obrar fora do penico.
4	O amor de vocês dois / Para sempre irá durar. / Se o casal tiver mais tempo / Pra sentar e conversar.
5	Confiança é como o aroma / Do mais fino dos perfumes. / Um amor não sobrevive / Se é cercado de ciúmes.

5. NOSSO AMOR É DURADOURO OU PASSAGEIRO?

6
Para o amor ser duradouro,
Ano a ano, mês a mês,
Brinquem sempre, todo dia,
Pelo menos uma vez!

7
A fogueira arde em brasas
Numa noite de São João.
Ardente será também,
Para sempre, essa união.

8
O amor um dia nasce,
Cresce e vive até morrer.
Se essa vida será longa
Só o tempo irá dizer.

9
Nada dura para sempre,
Isso eu li numa revista.
O amor é passageiro,
E o Destino é o motorista.

10
Esse amor não é eterno
E também não é infinito,
Mas enquanto perdurar
Será puro e bem bonito.

6. Ela me ama de verdade?

1
Muito embora ela não diga
Nem demonstre sua afeição,
Foi a ti que essa mulher
Entregou seu coração.

2
Ela agora te ama menos,
No passado amou bem mais.
Converse com ela e faça
O tempo voltar atrás.

3
Vocês vivem grudadinhos,
De mãos dadas, à janela,
Mas o amor dela é maior
Do que o seu amor por ela.

4
Você pode ter defeitos,
Belo príncipe não é,
Mas ninguém te ama tanto
Quanto ama essa muié!

5
Ocê diz que ama a moça
E ela diz que ama ocê:
Casalzim mais mentiroso
Ainda está pra aparecê!

6. ELA ME AMA DE VERDADE?

6	O amor que ela demonstra Por você é verdadeiro, Mas paixão maior ainda É a dela por dinheiro.
7	Vocês vivem grudadinhos, No maior teteretê. Você ama essa mocinha E a mocinha ama você.
8	Ela ama, sim senhor, Ela ama com paixão, Mas a ela você deve Dedicar mais atenção.
9	Por você esta mulher Tem afeto e tem carinho. Aliás, tem por você E também pelo vizinho…
10	O amor de vocês dois, Entra outono e sai verão, Passa inverno e primavera, E não morre essa paixão.

7. Devo desconfiar dela?

1
Se ela nunca lhe sorri,
Nem pega na sua mão,
Pode ser que para outro
Ela dê mais atenção...

2
Se ela sai de casa às tardes
Como quem vai pra uma festa,
Fique esperto, companheiro,
E prepare sua testa...

3
Sua esposa é uma santa,
Só falta viver no altar.
Nessa aí, eu lhe garanto,
Você pode confiar!

4
Fique frio e descansado:
Você nunca foi traído.
Seu amor não quer calombo
Na cabeça do marido...

5
Quem duvida é precavido,
Quem confia não prospera.
Pois um chifre muitas vezes
Vem de onde não se espera.

7. Devo desconfiar dela?

6
Cuidado com aquele primo,
Pois primo não é parente.
Já vi primo pondo enfeite
Na testa de muita gente.

7
Eu não ponho a mão no fogo,
Pois arrisco me queimar,
Mas acho que nessa aí
Você pode confiar...

8
É verdade, ela te trai,
Mas muito discretamente.
E o que os olhos não enxergam
Coração também não sente.

9
Ele sempre a cumprimenta
Com um sorriso, bem faceiro.
Meu amigo, abra os olhos:
Desconfie do açougueiro.

10
Se ela anda diferente,
Toda séria e assustada,
Meu amigo, sua testa
Certamente está enfeitada...

8. Minha amada irá mudar com o tempo?

1
Passam dias e semanas,
Entra inverno, sai verão.
Tudo passa, tudo muda,
Mas essa não muda não...

2
Pra pergunta que me fazes
A resposta eu sei de cor:
Mulher teima, mas não muda,
Quando muda é para pior!

3
Esposa que cria caso
Tanto briga até que cansa.
O tempo transforma tudo
E até mula velha amansa.

4
Ouça aqui meu bom conselho:
Mulher nova e espevitada
Com o tempo abaixa a crista,
Fica mansa e acomodada.

5
Essa aí não muda nunca,
Vai assim até a morte.
Ou você procura outra
Ou aceita a própria sorte.

8. Minha amada irá mudar com o tempo?

6
Ela disse que só muda
Se você também mudar.
Qual dos dois muda primeiro?
É questão a combinar.

7
Se em galinha nascer dente,
Se de noite o sol brilhar,
Eu garanto, meu amigo:
Sua amada irá mudar.

8
Pra pergunta que me fazes
A resposta eu sei de cor:
Ela vai mudar aos poucos,
E a mudança é pra melhor!

9
Se eu fosse você estaria
Satisfeito com o que tem,
Pois desde que o mundo é mundo
Que ninguém muda ninguém!

10
Ela disse que não muda
Só pra ver você brigar.
Não se zangue, e ela então
Muda só pra contrariar.

9. VALE A PENA ESPERAR POR ELA OU DEVO DESISTIR?

1
Não importa onde ela esteja,
Se em Sergipe ou se em Goiás.
O que é bom já teve fim,
Já passou, não volta mais.

2
Lá no fundo do seu peito
Resta ainda uma esperança.
Quem tem fé nunca desiste,
Quem espera sempre alcança.

3
Meu amigo, não espere,
Não perca seu tempo, não.
Ela agora, com certeza,
Está vivendo outra paixão.

4
Outro dia um passarinho
Fofoqueiro me contou
Que ela ainda pensa em ti,
Que a paixão não se acabou.

5
As mulheres, meu amigo,
Vão e vêm que nem biscoito:
Quando uma vai-se embora
Vem o vento e traz mais oito.

9. VALE A PENA ESPERAR POR ELA OU DEVO DESISTIR?

6	Mesmo estando ela distante, / Não desista de esperar. / Quem parte leva saudade / E pode um dia retornar.
7	Quem avisa amigo é, / Veja bem, preste atenção: / Foi-se embora e já foi tarde / Quem magoou seu coração!
8	Você tem saudade dela / Em lembranças bem sofridas, / Mas paixões que já morreram / Podem bem ser revividas.
9	Ela um dia te deixou, / Despediu-se e foi covarde. / Não se importe e diga assim: / "Foi-se embora e já foi tarde!"
10	Passam meses, dias, anos, / Tudo passa e o tempo corre, / Mas a esperança, amigo, / Esta é a última que morre!

10. Minha amada guarda algum segredo?

1	Parabéns, amigo meu, Você agora escolheu certo: Esta moça nada esconde, Sua vida é um livro aberto.
2	Mesmo parecendo estar Satisfeitinha ao seu lado, Ela nunca se esqueceu De um antigo namorado.
3	Um segredo ela carrega Bem-guardado e bem antigo: O chamego que ela sente Por aquele seu amigo.
4	Caro amigo, fique frio E também não tenha medo, Pois a moça é bem sincera E não tem nenhum segredo.
5	Me contaram, ouvi dizer, Não sei quando e não sei onde, Que sua amada, tão querida, Um segredo enorme esconde.

10. Minha amada guarda algum segredo?

6	A mulher por quem você Anda agora enamorado Nada esconde, nada oculta: Fique bem despreocupado.
7	Um segredo ela carrega No fundo do coração E somente não te conta Por medo da reação.
8	Que desconfiança é esta Que vem lá não sei de onde? Esta santa, de alma pura, Nada oculta e nada esconde.
9	O segredo que ela guarda Não é grave por demais. Ela errou (mas se arrepende) Uma vez e nunca mais!
10	Todo mundo tem segredos, Ou você já se esqueceu? Deixe a moça ter os dela, Cada um que guarde o seu.

11. Onde passaremos nossa lua de mel?

1	A viagem dos seus sonhos É pra França ou Canadá, Mas sem grana a coisa muda: Cambuquira, e olhe lá!
2	Num hotel de luxo em Nice, Com conforto e com nobreza. No jantar: lagosta e vinhos, Luz de velas sobre a mesa.
3	Vocês falam em avião E nas praias do Taiti, Mas o certo é um caminhão Com destino ao Piauí.
4	Uma viagem inesquecível Por cenários de beleza: Começando em Maceió, Terminando em Fortaleza.
5	Uma viagem rodoviária De sua casa ao Paraguai. E o pior é que sua sogra Decidiu que também vai!

11. Onde passaremos nossa lua de mel?

6	Num chalé com varandinha Junto ao mar, no litoral, Sob o sol e a brisa fresca, Num sossego sem igual.
7	Na viagem irá cair Tromba-d'água e temporal. Sete dias de mau tempo, Muita enchente e lamaçal.
8	Vocês vão calar a boca Dos ciumentos de plantão, Viajando para a Europa: Isso sim é que é um vidão!
9	Passarão a lua de mel Viajando o tempo inteiro Pelas ilhas do Caribe Num navio de cruzeiro.
10	Nem prazeres, nem deleite, Nessa viagem deprimente: Os dois vão ter enxaquecas, Muita gripe e dor de dente.

12. Teremos filhos?

1	Três mocinhas e um rapaz, Quatro filhos no total (Isso se não descuidarem Do anticoncepcional).
2	Dois filhos vocês terão E, se nada der errado, Um deles será dentista E o outro, advogado.
3	Um filho, somente um, E, por isso, bem mimado. Não o estraguem com carinho Nem com zelo exagerado.
4	Duas moças, duas rosas, Nascerão no seu jardim. Duas flores com perfume De lavanda e de jasmim.
5	Nascidos no mesmo dia, Dois gêmeos vocês terão. Duas vezes mais trabalho, Carinho e dedicação.

12. TEREMOS FILHOS?

6	Seus amados cinco filhos Quinze netos lhe darão. E bisnetos, vinte e sete. Eis aí a previsão…
7	Nesta bola de cristal Vejo um gesto elogiado: Um garoto, por vocês, Será aceito e adotado.
8	Um menino e uma menina Vocês dois terão um dia. Mas os dois vão aprontar Muita manha e gritaria.
9	O bebê tão esperado Virá um pouco mais pra frente. O casal deve aguardar E ser muito paciente.
10	Cinco filhas, cinco moças, E nem mesmo um só rapaz. Mas a natureza é sábia: Ela bem sabe o que faz…

13. COMO SERÁ A NOSSA CASA?

1	Casinha de barro preto. Ai, bonita ela não é. Parede de pau a pique, Com telhado de sapé.
2	Palacete com jardins E piscina no quintal. Um gramado aparadinho, Pra alegria do casal.
3	Uma casa pequenina, De cor branca e amarela, Junto ao morro, bem pertinho Do lixão de uma favela.
4	Uma casa de fazenda, Com dez quartos e varanda, Três banheiros muito limpos Com cheirinho de lavanda.
5	Um modesto apartamento, Dando fundos pra uma praça. Mas pertence à sua família E vocês moram de graça.

13. COMO SERÁ A NOSSA CASA?

6	Uma casa bonitinha Em um bairro até burguês. O problema é que a mãe dela É vizinha de vocês.
7	Um chalé feito de troncos, Numa beira de represa. Bem cercado por montanhas E juntinho à natureza.
8	No quintal da sua sogra Vocês fazem um puxadinho: Meia-água com goteiras E aluguel bem baratinho.
9	Uma casa impressionante, Com quintal e um muro branco. Financiada em trinta anos Por um empréstimo no banco.
10	O amor sincero é forte, Não há nada que o amedronte. Vocês casam e, se preciso, Moram embaixo de uma ponte.

14. Minha amada será rica?

1	Meu amigo, vais casar Com a filha de um magnata! E por dote ganharás Muito ouro e muita prata!
2	Sua esposa será pobre, De família bem modesta. Não sustentará seus luxos, Mas será honrada e honesta.
3	Sua amada será sócia De uma multinacional. Empresária de sucesso Mas pão-duro sem igual.
4	Me admira essa pergunta E esse assunto de tutu. Por acaso você pensa Em dar golpe do baú?
5	Sua amada será a moça Mais ricaça da cidade. Só que o dinheiro nem sempre Traz a tal felicidade.

14. Minha amada será rica?

6	Sua amada é fazendeira, Mulher rica, a maioral, Mas te levará pra roça, Pra viver junto ao curral.
7	Sua amada será dona De uma firma bem-montada. Só que em casa irá chegar Sempre exausta e mal-humorada.
8	Sua amada será mestra Em dormir e descansar. Enquanto você dá duro Pros seus filhos sustentar.
9	Sua amada será rica, Rica só de coração. O pouco com Deus é muito E só traz satisfação.
10	Sua amada será pobre, Muito pobre, até que um dia Vai tirar a sorte grande E acertar na loteria.

O ORÁCULO DOS SANTOS JUNINOS

Uma prática comum nas noites ou nas vésperas de São João (para assuntos materiais), São Pedro (para assuntos de consciência ou de saúde) e Santo Antônio (para assuntos de amor) é a de fazer um pedido ao santo homenageado.

Deve-se fazer apenas um pedido. Um que seja muito especial ou urgente. Assim, é compreensível a curiosidade em que ficamos para saber se este será ou não atendido. Para resolver esse problema, a cultura popular foi criando simpatias e truquezinhos que sinalizam a boa ou má vontade do santo. O oráculo na página 79 é uma dessas invenções, e seu funcionamento é muito simples: escolha o santo de sua preferência e faça o pedido. Em seguida, retire uma carta do mesmo baralho de quarenta cartas que utilizamos para as perguntas de amor e confira na lista a numeração correspondente.

Você pode também usar o sistema dos coraçõezinhos numerados e folhear o livro ao acaso até parar em algum número de 1 a 10.

MEU PEDIDO SERÁ ATENDIDO?

1. Sim. E você receberá exatamente o que pediu.
2. Sim. E você receberá até mais do que pediu.
3. Sim. Mas você receberá menos do que pediu.
4. Sim. Mas talvez você se arrependa do que pediu.
5. Sim. Mas o que você pediu durará muito pouco.
6. Não. E nem adianta pedir de novo.
7. Não agora, mas se eu fosse você tentaria de novo no ano que vem.
8. Não. Mas talvez seja até melhor para você.
9. Não. Mas algo de bom acontecerá mesmo sem você ter pedido.
10. Não. Mas, em compensação, você pode pedir algo para alguém a quem muito estima.

*Este livro foi composto nas tipologias Perpetua e Escorial
e impresso nas oficinas da gráfica Markgraph
para a Editora Bertrand em 2012.*